AF243035

SAINT AIGNAN

PATRON DE LA VILLE D'ORLÉANS

NOTICE, CHANTS ET LITANIES

TROISIÈME ÉDITION

Hic est fratrum amator, hic multùm orat pro civitate.

« Il est l'ami de ses frères, il prie beaucoup pour sa ville. »
(INSCRIPTION DE LA CHASSE.)

ORLÉANS

IMPRIMERIE PAUL MASSON,

Rue Sainte-Anne, 2.

ÉVÊCHÉ D'ORLÉANS

—

Vu et approuvé :

Orléans, le 10 novembre 1871.

BARDIN, vicaire général.

NOTICE

sur

SAINT AIGNAN

—

Saint Aignan naquit en 358, dans la ville de Vienne (1). Ses parents, riches et nobles, étaient deux justes qui, comme Zacharie et Élisabeth, marchaient dans les voies du Seigneur. Nous n'en saurions douter, puisque nous les voyons consacrer leurs deux enfants au Seigneur.

L'enfance de saint Aignan, comme celle de son frère aîné, saint Léonien, fut tout entière tournée vers Dieu et se développa sous les heureuses influences de la religion. A peine âgé de quinze ans, le jeune Aignan s'arrachait aux douceurs de la famille et, accompagné de la bénédiction de son père et de sa mère, soutenu par l'exemple de son frère aîné, saint Léonien (2), il se retirait dans la solitude de *Viel-Castel*, à peu de distance de Vienne, où il passa cinq ans seul avec Dieu seul, se pré-

(1) Aujourd'hui sous-préfecture du département de l'Isère

(2) Saint Léonien, d'abord solitaire à Autun, suivit ses parents à Vienne et s'y construisit une cellule qui donna bientôt naissance au monastère de Saint-Pierre, que le frère de saint Aignan gouverna quarante ans jusqu'à sa mort, arrivée le 13 novembre, vers l'an 400.

parant sans la connaître à la grande mission que Dieu lui destinait.

La réputation de saint Euverte (1) l'attira dans notre ville d'Orléans ; disciple préféré du grand évêque, notre saint faisait de rapides progrès dans les sciences ecclésiastiques. Euverte le jugeant digne du sacerdoce, lui donna bientôt l'onction sacrée dans l'église des religieux de

(1) Saint Euverte, sous-diacre de l'Eglise Romaine, avait été acclamé miraculeusement évêque d'Orléans, l'année même de la naissance de saint Aignan.

Saint Euverte est le sixième évêque connu d'Orléans. Le premier, saint Altin, fut envoyé par le *Pontife Romain* dans notre vieux centre des Gaules à une époque difficile à préciser, mais que la science moderne tend de plus en plus à rapprocher des temps apostoliques.

Voici, d'après les diptyques du Palais épiscopal, la liste des premiers évêques d'Orléans :

S. ALTIN,
ALITUS,
AUSPICE,
DIOPET,
DESINIAN,
S. EUVERTE,
S. AIGNAN.

Les judicieux auteurs du *Gallia Christiana* donnent également saint Euverte comme le disciple et le successeur immédiat de saint Euve te. Cette tradition si chère aux Orléanais recevra bientôt la solennelle approbation de notre nouvelle liturgie romaine.

saint Laurent et peu après le mit à la tête de ce monastère, situé aux portes de notre ville.

Déjà s'accomplissait pour Aignan la parole du divin Maître : « Celui qui quitte pour moi « son père, sa mère, ses biens, recevra même « en ce monde, le centuple de ce qu'il aura « abandonné » Mais Aignan allait devenir le père d'une famille bien autrement nombreuse.

Euverte avait épuisé ses forces dans le grand labeur des âmes ; averti par révélation de sa fin prochaine, il proposa au peuple notre saint pour successeur. Un miracle vint confirmer le choix de l'évêque mourant. Au moment où les clercs et les fidèles délibéraient à ce sujet dans la nouvelle cathédrale de Sainte-Croix qu'une main mystérieuse venait de bénir solennellement, un tout petit enfant (1) qui ne parlait pas encore, s'écrie tout à coup : *Aignan, Aignan, Evêque d'Orléans!* Les clercs et les fidèles reconnaissent la voix de Dieu. Euverte commence l'hymne d'actions de grâ-

(1) Un jour cet enfant sera aussi *l'Elu du Seigneur*, et succédera à saint Aignan : c'est saint Floscule ou saint Flou, dont une de nos rues porte le nom.

ces que le peuple continue, et aussitôt l'Abbé du Monastère de saint Laurent est sacré Evêque d'Orléans. Il y eut en ce jour une grande joie dans le ciel et sur la terre.

Le Saint alors était âgé de trente ans ; il gouverna le diocèse d'Orléans pendant près de soixante-cinq ans, et parmi les cent vingt-six évêques que compte notre illustre Église, aucun n'a porté aussi longtemps le poids de l'épiscopat. « Pontife consommé en sainteté, dit saint Sidoine Apollinaire qui avait entrepris d'écrire sa vie, « Aignan ne fut pas « moins grand en mérites que le vertueux « saint Loup de Troyes et l'illustre saint Germain d'Auxerre. » Ses contemporains l'avaient surnommé le *Thaumaturge*, à cause de ses nombreux miracles (1) ; le plus éclatant fut la délivrance de notre ville.

Il y avait plus de soixante-deux ans que saint Aignan vivait au milieu de son peuple, comme un père au milieu de ses enfants, quand, soudain, on vit se déchaîner sur la

______

(1) Voir M. l'abbé de Torquat, *Histoire de saint Aignan* (Orléans, 1848). — M. l'abbé Cauvard, *Vie de saint Aignan* (Dijon, 1863).

Gaule un fléau, qui semblait devoir en consommer la ruine. Le roi des Huns qui, depuis deux ans, «passait sur les cités de l'Europe comme la faulx sur les épis», s'avançait sur Orléans, à la tête d'un demi million de barbares.

Au bruit de l'invasion, le saint vieillard avait fait le voyage d'Arles (1), pour implorer le secours du général romain Aétius qui gouvernait les Gaules au nom de l'empereur Valentinien III. Rentré dans sa ville, le courageux évêque organise la défense. Il semble se multiplier; on le voit partout : sur les remparts, avec les hommes d'armes; au pied des autels, avec les clercs et les pieuses vierges, dans cette église de Sainte-Croix qui lui devait ses nouvelles voûtes, et partout il relève le courage et l'espérance.

Soutenus par leur évêque, les Orléanais opposaient à la fureur des assaillants l'énergie qu'inspirent le patriotisme et la religion. Mais la ville ne comptait alors que quinze mille ha-

______

(1) Arles, aujourd'hui chef-lieu d'arrondissement du département des Bouches-du-Rhône, à 130 lieues d'Orléans. — Le voyage de notre Saint fut semé de miracles. (Voir M. de Torquat, p. 38.)

bitants ; comment résister à d'innombrables armées de barbares? Déjà les portes et les murs s'ébranlent sous les coups des machines de guerre. Cependant Aignan espère toujours ; il prie, et une pluie torrentielle vient arrêter pendant trois jours l'effort de l'ennemi. L'orage passé, les Huns livrent un assaut général. Voilà les barbares maîtres de la ville : tout semble perdu.... Aignan espère toujours ; il prie... A ce moment suprême, un nuage de poussière s'élève à l'horizon : *C'est le secours du Seigneur ! Auxilium Domini est !* s'écrie le Pontife inspiré. Les heures désespérées sont les heures de Dieu. Tandis qu'Attila pénètre dans la ville par l'ancienne porte Bourgogne (1), Aétius entre par la porte du Pont. Le combat s'engage dans les rues tortueuses. Les Huns épouvantés s'enfuient en désordre dans leur camp ; Aétius s'y précipite avec son allié Théodoric, le roi des Visigoths ; le carnage est effroyable. Au milieu de cette arène sanglante,

(1) A peu près au coin de la rue Bourgogne et de la rue de la Tour-Neuve, à l'endroit même où pendant des siècles, les Evêques d'Orléans, feront tomber le jour de leur entrée, les chaines d'innombrables captifs en vertu d'un privilége dont l'origine remonte peut-être à la délivrance d'Orléans.

un homme bénit les mourants, soulage les blessés, intercède pour les vaincus : c'est saint Aignan. Un grand nombre lui doivent la vie.

La délivrance d'Orléans eut lieu le 14 *juin* 451. En ce jour celui qui se disait le *Fléau de Dieu*, le *Marteau de l'univers*, fut brisé lui-même sous nos murs, et notre ville sauvée par les prières de notre Évêque.

Mais hélas les Huns disaient vrai : «où passe le cheval d'Attila l'herbe ne saurait croître» , voici bientôt un autre fléau : la terrible famine..... « Dieu tout puissant, s'écrie le Pon-« tife dans l'ardeur de sa foi, voici vos en-« fants : ne les auriez-vous donc arrachés à la « mort que pour les abandonner aux horreurs « de la faim? » Le Seigneur exauça cette prière; contre toute espérance les champs ravagés par les hordes barbares se couvrent peu après d'abondantes moissons. Ce miracle fut le dernier que saint Aignan opéra avant d'aller recevoir la récompense de ses glorieux travaux. Il quitta ses enfants *le 17 novembre 453*, à l'âge de quatre-vingt quinze ans.

Avant de terminer cette courte notice sur notre bien-aimé Patron, nous dirons un mot de ses reliques précieuses et du culte dont elles sont l'objet.

La tradition nous apprend que l'église de Saint-Laurent, qui avait eu les prémices de son ministère, fut choisie d'abord pour le lieu de sa sépulture; mais, vers l'an 500, nos pères voulurent que le corps de leur glorieux Libérateur reposât sur le théâtre de ses exploits, et, pour conserver ce précieux dépôt, élevèrent sur l'emplacement de l'ancien camp d'Attila, notre église monumentale de Saint-Aignan, tant de fois réédifiée dans le cours des siècles (1).

Les restes de saint Patron de la cité y reçu-

(1) Bâtie par Clovis 1er, en 504;
Reconstruite et agrandie par Charlemagne, vers l'an 812. — Le *Martyrium* de notre *Crypte* avec son chapiteau historié, l'un des plus anciens qu'on connaisse, appartient à la basilique carlovingienne;
Ruinée par les Normands en 856;
Reconstruite par Charles-le-Chauve, vers l'an 870;
Détruite en 999 par un incendie qui anéantit la ville presqu'entière;
Reconstruite magnifiquement par Robert-le-Pieux

rent les hommages de sainte Geneviève, de Clovis, notre premier roi chrétien, de Charlemagne,
de Robert-le-Pieux (1), de saint Louis, etc.

Arrachées en 1562 au bûcher des hérétiques par
Jean Minereau, et en 1793 à la profanation des

qui assista à sa dédicace en 1029, *le 14 juin*. L'é-
glise d'Orléans solennise en ce jour deux fois glorieux *la fête de la translation des reliques de
saint Aignan*, dans ce nouveau temple ;

Démolie par les Orléanais à l'approche des Anglais en 1370. (L'église de saint Aignan se trouvait
alors en dehors de l'enceinte fortifiée) ;

Relevée par Charles V et Charles VI ;

Démolie de nouveau à la seconde invasion des
Anglais en 1428 ;

Reconstruite par Louis XI, Charles VIII et Louis
XII, et consacrée de nouveau le 28 août 1509, c'est
l'église actuelle qui malgré les mutilations que lui
a infligées le marteau des hérétiques en 1567, est
encore un monument et une gloire pour notre
ville.

(1) Le roi Robert, né, baptisé et couronné à Orléans, ne manquait pas, lorsqu'il se trouvait dans
notre ville, d'assister aux offices de l'église de Saint-
Aignan ; revêtu de la chappe, il remplissait les fonc-
tions de premier choriste et chantait les répons
qu'il avait composés lui-même en l'honneur de notre
Saint.

révolutionnaires, par *Vincent Pouteau*, (1) les reliques de saint Aignan sont entourées depuis quatorze cents ans de vénération, de confiance et d'amour. Pour ne parler que de notre siècle, quand le fléau du choléra (1832 et 1849) jette l'épouvante dans notre ville, quand la continuité des pluies (1816 et 1828) ou de la sécheresse (1845 et 1870) menace nos moissons, les reliques sont découvertes pendant une première neuvaine. Si le Seigneur prolonge l'épreuve, la châsse est descendue dans le chœur de la Basilique pour une seconde neuvaine, quelquefois même pour une troisième, et alors le jour de la clôture de cette troisième et dernière neuvaine, les reliques du Protecteur de la Cité sont portées processionnellement à saint Laurent, l'église de son ordination et peut-être de sa première sé-

(1) Les reliques de saint Aignan conservées religieusement pendant les jours mauvais dans la demeure de la famille *Deloynes de Morett* (rue Sainte-Anne, 11, maison des Oves) furent réintégrées solennellement dans leur ancien sanctuaire, le 14 juin 1803. -- Un tableau appendu dans l'église au-dessus de la châsse due à la piété des Orléanais, représente les quinze membres de la famille de Morett priant dans une chapelle secrète et demandant à Dieu, par l'intercession du vainqueur de la barbarie, le rétablissement de la religion en France. (Voir M. de Torquat, p. 64.)

pulture, et il est inouï que la prière persévérante de ces neuvaines n'ait obtenu la grâce sollicitée (1).

Notre illustre Évêque a voulu ajouter encore à ces manifestations de la piété envers le plus glorieux de ses prédécesseurs. Dès les premières années de son épiscopat, Mgr Dupanloup : « accomplissait un vœu bien bien cher « à son cœur et non moins précieux à notre « piété en donnant à la Fête et à l'Octave de « saint Aignan (2) l'éclat et la solennité que ré-

(1) Voir M. l'abbé Cochard, Historique des Neuvaines à saint Aignan (*Annales religieuses d'Orléans*, juillet 1870.)

(2) Pendant cette Octave, le clergé et les fidèles des douze paroisses de la ville se rendent successivement en pèlerinage à l'église de Saint-Aignan et chantent solennellement la Messe devant les reliques du saint Patron de la Cité.

Le jour même où il inaugurait cette Octave solennelle, *le 17 novembre* 1853, Mgr Dupanloup fondait une communauté de Sœurs enseignantes et hospitalières, et installait trois professes et une novice dans une modeste maison de la Grande-Rue de Saint-Marceau (n° 131) A la suite de l'inondation de la Loire de 1856, la maison-mère de la *Congré-*

« clament à tant de titres et le sentiment de la
« reconnaissance publique et le Pontife à jamais
« illustre qui répandit tant de bienfaits et tant
« de gloire sur la ville et sur le diocèse tout
« entier.

« Ici, continue Mgr l'Evêque d'Orléans, nos
« souvenirs sont encore tout vivants et vien-
« nent en quelque sorte ajouter une nou-
« velle autorité aux leçons de l'histoire. Nous
« ne l'avons pas oublié dans les calamités
« dont le bruit retentit encore à nos oreilles,
« lorsque les ressources incertaines de l'homme
« s'étaient épuisées, et ses fragiles espérances
« évanouies, les populations éperdues venaient
« chercher un refuge aux pieds de leur saint
« protecteur, vénérer ses reliques, invoquer son
« nom ; et nous recueillons encore aujourd'hui
« et nos enfants recueillent après nous, le fruit

gation *des Sœurs de Saint-Aignan* qui comptes
aujourd'hui trente-deux établissements, a été trans-
férée entre l'église Saint-Marc et le faubourg Bourgogne.

Enfin Mgr l'Evêque veut rendre à notre antique
Collégiale les gloires de son passé et médite, en
faveur des vétérans du sanctuaire, la restauration
de cet illustre *Chapitre de Saint-Aignan* qui a eu
des évêques pour chanoines, des rois pour abbés et
un saint pour doyen, le bienheureux Réginald.

« de ces grandes et chrétiennes manifestations.

« Nous suivrons l'exemple de nos pères; nous
« continuerons les traditions de la piété. Hélas!
« en *ces jours de tribulations et d'angoisses* (1),
« nous avons tant de grâces à solliciter, tant
« de miséricorde à implorer! Pasteurs et fidèles
« invoquons avec une foi vive, une espérance
« inébranlable, la protection de notre saint pa-
« tron; tous ensemble et dans le même esprit
« de ferveur et de confiance, nous lui deman-
« derons de renouveler les anciens prodiges, de
« conserver à nos campagnes leur fécondité, d'é-
« loigner de son troupeau bien-aimé *les tempêtes*
« *de la faim* (2) et de la maladie, mais surtout
« de nous obtenir la conversion de nos âmes, la
« pratique des vertus chrétiennes, les biens vé-
« ritables et éternels. » (3)

(1) Soph. 1, 15·
(2) Lament, V, 10.
(3) Mandement de Mgr l'Evêque d'Orléans, à l'oc-
casion de la Fête et de l'Octave solennelles de saint
Aignan (10 novembre 1853).

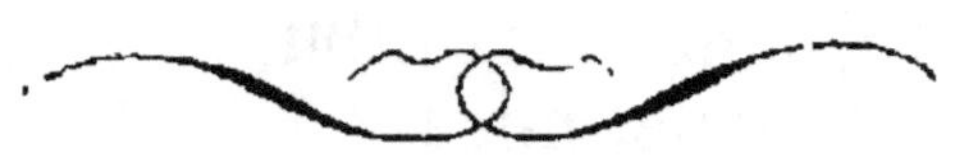

Prose en l'honneur de saint Aignan.

Hâc die præclarâ,
Aniani laudes
Dicat Aurelia;
Sacræ sonent ædes,
Cantibus divinis.

Læti concinamus
Quanto miraculo
Divus Anianus,
Morienti divo
Euverto succedat.

O res mirabilis!
Stupeant profani,
Muti vox infantis
Nomen Aniani
Ter alte proclamat.

Quantus patrum stupor
Occupavit mentes!
Deo quantus honor
Redduntur et grates
Pro tanto munere!

Exultat civitas;
Triumphant fideles,
Florescit Pietas
Florescuntque mores
Præsulis exemplo.

Quantis virtutibus,
Aniane, micas!

Cantique de la Prose de saint Aignan.

Orléans, en ce jour et de fête et de gloire,
Viens célébrer d'Aignan l'immortelle mémoire ;
De guirlandes, de fleurs parons les saints autels ;
Pénétrés de respect, sous ces voûtes antiques,
Faisons retentir l'air de nos divins cantiques,
Consacrons ce grand jour à des chants solennels.

Dans ce temple sacré, chantez, peuple fidèle,
Les faits miraculeux que ce jour nous rappelle ;
Saint Euverte expirant fait entendre sa voix,
Réclame un successeur ; c'est Aignan qu'il désigne :
Aignan ! de l'Eternel quelle faveur insigne !
Un prodige éclatant va confirmer ce choix

O merveille admirable ! ô sage Providence !
Que l'impie étonné soit réduit au silence !
Le Seigneur manifeste à l'instant sa grandeur ;
Trois fois un jeune enfant, muet dès son aurore,
Articule ce cri d'un ton clair et sonore :
« Le vertueux Aignan est l'Elu du Seigneur. »

Quel doux ravissement, quelle pieuse ivresse
S'empare des esprits dans ce jour d'allégresse !
Le temple retentit de chants religieux ;
Nos aïeux, inspirés par la reconnaissance,
Célèbrent du Seigneur la bonté, la puissance;
Le triomphe d'Aignan a comblé tous les vœux,

Bienheureuse cité ! la joie est ton partage,
Le fidèle chrétien du Ciel bénit l'ouvrage ;
De l'Elu du Seigneur l'exemple édifiant
De la Religion fait refleurir l'empire ;
La piété renaît, la tiédeur expire :
A l'ardeur de son zèle est dû ce changement.

Le peuple, illustre Aignan, t'admire et te révère,
Ta touchante ferveur, ta foi vive et sincère

Quanta tuum pectus
Accendat caritas
Gallia miratur.

Surdo reddis aurem,
Muto reddis verba;
Vulgantur per urbem
Tanta prodigia;
Fremit impietas.

Nostris majoribus
Quis impendet pavor!
Imminet mœnibus
Populorum terror
Cruentus Attila.

At, ferox Attila,
Frustra bella paras;
Barbarorum tela
Et spumantes iras
Vincet Anianus.

Protinùs territi,
Orante Præsule,
Sternuntur Barbari,
Eorum sanguine
Ligeris tingitur.

Bellorum cladibus
Agri populantur,
Tellusque messibus
Ubique nudatur;
Quis afferet opem?

Répandent en tous lieux leur parfum, leur odeur ;
Quelles nobles vertus s'unissent dans ton âme !
La douce charité te consume et t'enflamme ;
Son foyer le plus pur réside dans ton cœur.

L'affligé trouve en toi son pasteur et son père ;
L'aveugle, par tes soins, recouvre la lumière,
Et le muet obtient la parole et la voix ;
Ces faits surnaturels, que partout on publie,
Confondent l'incrédule et font frémir l'impie :
Saint Aignan, la nature obéit à tes lois.

Mais quels signes de deuil ! quelle affreuse épouvante
Règne dans Orléans ! quelle cruelle attente !
Des peuples consternés, le fléau, la terreur,
Le féroce Attila, respirant le carnage,
Approche de nos murs ; il écume de rage,
Et ses hideux soldats partagent sa fureur.

En vain, fier Attila, tu prépares tes armes,
Ton orgueil insensé sème en vain les alarmes ;
Tes menaces, tes cris, tes barbares soldats,
Pour le modeste Aignan seront de vains obstacles :
N'a-t-il pas le pouvoir d'opérer des miracles ?
N'a-t-il pas pour appui l'Arbitre des combats ?

De la bonté divine , ô grâce singulière !
Aux pieds des saints autels, Aignan fait sa prière ;
A l'instant Dieu détruit les complots des méchants,
Ses ennemis, frappés d'une frayeur subite,
Sont troublés, confondus, dispersés par la fuite,
La Loire, dans ses flots, roule leurs corps sanglants.

Quels désastres affreux n'entraîne pas la guerre ?
Sa fureur effrénée a ravagé la terre ;
Les champs sont dévastés, les guérets sans épis.
Au milieu de ces maux, quelle main tutélaire
Soulagera le peuple accablé de misère,
Pleurant sur ses moissons et leurs tristes débris ?

Ad Deum supplices
Præsul tendit manus;
Et gravidæ messes,
Et opimi fructus
Passim renascuntur.

Quid! ipsi vidimus
Horrendas cohortes
Horrendis vultibus
In urbem ruentes;
Patronum precamur.

Superis sedibus
Preces audit nostras
Divus Anianus:
Aciesque feras
Rari fugant cives.

Cineribus sacris
Quot debemus dona,
Præsul sancte, tuis!
Deum tua vota
Juvat coronare.

Semper in prosperis
Nostrum præsidium,
Semper in adversis
Nostrum refugium
Adsis, Aniane!

Amen.

Vers le ciel saint Aignan tend ses mains suppliantes
Et renaissent bientôt des moissons abondantes ;
Les arbres inclinés sont surchargés de fruits ;
Dans les prés ravagés reparait la verdure ;
Le plus riche printemps sourit à la nature,
Et de la foi d'Aignan ces bienfaits sont le prix.

Dans des temps plus récents, nous avons vu nous mêmes
Nos remparts exposés à des dangers extrêmes ;
Nos cœurs ont consacré ces faits miraculeux ;
Oui, n'avons-nous pas vu des barbares cohortes,
L'air hideux, menaçant, s'avancer vers nos portes ?
A notre saint Patron nous adressons nos vœux.

Du haut des cieux Aignan entend nos tristes plaintes,
D'un peuple qu'il chérit il vient calmer les craintes ;
Un feu sacré, divin, embrase nos soldats ;
Le grand nombre ne peut effrayer leur courage.
Ils chassent cette horde sauvage,
C'est notre saint Patron qui dirige leurs bras.

Quels bienfaits nous devons à ta châsse sacrée !
Aignan, dans le péril, ta cendre révérée
Devient notre salut et notre doux espoir ;
Temple, de ce trésor heureux dépositaire,
Le peuple en ses malheurs remplit ton sanctuaire,
Et de ton saint Patron éprouve le pouvoir.

De la prospérité le prestige perfide
Souvent corrompt les cœurs ; sois alors notre égide
Auguste et saint Patron ; et, si l'adversité
Appesantit sur nous sa main dure et cruelle,
Conserve-nous toujours ta bonté paternelle ;
Elle est notre refuge et notre sûreté.

Octave de la fête de saint Aignan.

Tous les jours de l'Octave { à 6 h. 1|2, à 7 h. et à 8 heures, Messe de Communion.

Le dimanche 17 novembre ou le dimanche qui suit le 17 nov. } le matin, à 6 h. 1|2, Matines et Laudes pendant les Messes de Communion ; à 9 heures. Messe basse ; à 10 heures, tierce, grand'messe et sexte ; le soir, à 3 heures 1|4, none, vêpres, sermon et procession du très Saint-Sacrement.

En semaine { le matin, à 9 heures, grand'-messe ; le soir, à 6 heures 1|2, vêpres, cantique à saint Aignan, sermon et salut.

Le dernier jour de l'Octave, procession des saintes reliques avant le salut.

Les paroisses de la ville font leur pèlerinage dans l'ordre suivant :

1° Saint-Aignan, le 17 novembre et le dimanche dans l'Octave ;

2° Sainte-Croix et Saint-Marc ;

3° Saint-Paul et Saint-Charles des Hospices ;

4° Notre-Dame-de-Recouvrance et Saint-Vincent ;

5° Saint-Paterne et Notre-Dame-des-Aydes ;

6° Saint-Marceau et Saint-Donatien ;

7° Saint-Pierre-le-Puellier et Saint-Laurent.

CHANTS ET LITANIES

Répons de saint Aignan,

COMPOSÉ ET CHANTÉ PAR LE ROI ROBERT.

℟ In virtutum tumuli
Mirandâ frequentiâ,
Catervatim populi
Currunt ad suffragia :
* Reportantes singuli
Dei beneficia
℣ Ossa Joseph pullulant
Ubi visitantur;
Impetrant quæ postulant
Hi qui venerantur
* Reportantes singuli
Dei beneficia
℣ Gloria Patri et Filio
et Spiritui Sancto.
℟ In virtutum tumuli.

℟. Attirés par les nombreuses merveilles qui s'opèrent à son tombeau, les peuples courent en foule y déposer leurs vœux. * Tous reviennent comblés des bienfaits de Dieu. ℣. Les miracles se multiplient au tombeau de Joseph : les pieux pèlerins y sont toujours exaucés. * Tous reviennent comblés des bienfaits de Dieu. ℣ Gloire au Père, et au Fils, et au Saint-Esprit. ℟. Attirés, etc.

Cantique de Saint Aignan

1

De saint Aignan célébrons la mémoire ;
Unissons tous et nos cœurs et nos vœux,
Et, jusqu'au trône où rayonne sa gloire,
Faisons monter nos chants mélodieux.

>　　O tendre père !
>　　Vois tes enfants ;
>　　De leur prière
>　　Écoute les accents.

2

Il avait dit : « Étranger sur la terre,
« Au fond des bois pour Dieu seul je vivrai ;
« Et quand viendra pour moi l'heure dernière,
« Devant Dieu seul, inconnu je mourrai. »
>　　O tendre père ! etc.

3

Mais quelle main bientôt rompit les charmes
Qui retenaient sa sainte âme au désert ?
Euverte alors demandait avec larmes
Un successeur.... Aignan lui fut offert,
>　　O tendre père ! etc.

8

Euverte ! Aignan ! — O Dieu ! qui de ta grâce
N'admirerait envers nous la grandeur !
Un saint nous quitte, et, pour remplir sa place,
Un autre saint devient notre Pasteur.
>　　O tendre père ! etc.

10

Qui nous dira son ardente prière,
Ses oraisons, ses larmes, ses soupirs,
Ses durs travaux, sa pénitence austère
Et son horreur pour tous les vains plaisirs ?
>　　O tendre père ! etc.

12

Arles le vit, au jour de nos alarmes,
D'Aëtius, implorant la valeur,
Du fier Romain, attendri par ses larmes,
Nous obtenir un secours protecteur.
O tendre père ! etc.

13

Quand Attila menaçait nos murailles,
Et d'Orléans voulait faire un tombeau,
Aignan priait, et le Dieu des batailles
Du saint pasteur défendait le troupeau.
O tendre père ! etc.

14

Contre l'Anglais Jeanne d'Arc a des armes ;
Elle vaincra, mais c'est en combattant.
Contre les Huns, Aignan n'eut que ses larmes.
Et, sans frapper, il vainquit en priant.
O tendre père ! etc.

16

Quand du Seigneur la trop juste colère,
Pour nous punir, déchaîne ses fléaux,
Nous t'invoquons, et toujours ta prière
De tes enfants sait adoucir les maux.
O tendre père ! etc.

17

Du haut des Cieux où notre œil te contemple,
Reçois nos vœux et l'amour de nos cœurs ;
Benis ton peuple assemblé dans ce temple,
Et du Seigneur obtiens-lui les faveurs.
O tendre père ! etc.

N. B. L'on ne chante d'ordinaire dans les réunions de piété que les dix couplets ci-dessus : voici les autres couplets de ce cantique si popu-

*laire qui nous redit en ses dix-sept strophes la
vie entière de notre saint Patron.* — *Les chiffres
indiquent l'ordre à suivre quand ce cantique est
chanté in extenso.*

4

Orléanais, ouvrez lui vos murailles,
De votre Eglise Aignan sera l'époux
Et sa défense au grand jour des batailles;
De ce présent du ciel soyez jaloux.
      O tendre père! etc.

5

De saint Laurent le pieux monastère,
A demandé de l'avoir pour pasteur;
Allez, Aignan, des saints soyez le père,
Enflammez-les de l'amour du Seigneur.
      O tendre père ! etc.

6

Déjà courbé sous le poids des années,
Euverte un jour l'appelle: O mon cher fils.
Au ciel, dit-il, j'ai lu vos destinées;
Et d'Orléans j'entrevois les périls.
      O tendre père! etc.

7

La mort bientôt fermera ma paupière,
De ce troupeau soyez le conducteur;
Obéissez, mon fils, à ma prière,
Et qu'Orléans en vous trouve un sauveur.
      O tendre père! etc.

9

De sainte Croix déjà la basilique,
A par Aignan, vu ses murs réparés,
Elle s'élève, et, sous sa voûte antique;
Les saints autels par lui sont décorés.
      O tendre père! etc.

11

Qui nous dira les immenses largesses
Que dans le sein du pauvre il répandait?
Qui nous dira ses touchantes tendresses
Pour le bercail qu'au Seigneur il gardait?
O tendre père! etc.

15

Depuis ce jour célèbre en notre histoire
Cette cité dont tu fus le Pasteur,
Treize cents fois a fêté ta mémoire
Et voit encore en toi son Protecteur.
O tendre père! etc.

Cantique du Petit Séminaire.

Saint Aignan; c'est pour nous le jeune solitaire,
Qui de Vienne en ces lieux, vint cacher sa vertu;
C'est l'humble et saint abbé que dans son monastère
Saint Laurent abrita, priant, mais inconnu.
C'est l'élu du Seigneur, c'est l'Évêque fidèle
Que le doigt d'un enfant montre au peuple attristé,
Quand d'Euverte expirant la tendresse et le zèle
Demandent un Pasteur pour sa chère cité.

De Saint-Aignan célébrons la mémoire.
Dieu près de lui nous rassemble en ce jour;
Faisons monter au trône de sa gloire
Le chant de notre amour.

Mais Attila, bientôt, menace nos murailles.
« Prions, frères, prions! c'est le *fléau de Dieu!* »
Ainsi dit le Pasteur; et le Dieu des batailles
Longtemps le vit prier et pleurer au saint lieu.
Un jour contre l'Anglais il nous faudra des armes,
Une vierge inspirée et de sanglants combats;
Aignan devant les Huns ne verse que des larmes,
Et Dieu lève contre eux la force de son bras.
De saint Aignan, etc.

Quand de l'impiété la rage frénétique
Deux fois persécuta ton fidèle troupeau,
On la vit profaner ta vieille basilique,
Et des saints outragés violer le tombeau,
Ils ont porté la main sur ta châsse bénie ;
Ils s'en sont partagé le métal précieux,
Et de ton corps sacré, dans leur fureur impie,
Aux flammes ont livré les restes glorieux.
   De saint Aignan, etc.

Mais le Dieu qui des saints prend en main la défense
Deux fois a conservé notre pieux trésor ;
Dans quelques ossements il fixe ta présence,
Et parmi tes enfants tu reposes encore.
Père, vois à tes pieds ta famille chérie ;
Elle vient te prier. Oh ! daigne la bénir ;
Guide-nous sur la terre, et que dans la patrie,
Près de toi, nous puissions un jour nous réunir.
   De saint Aignan, etc.

Cantique des Pèlerins.

Auprès de ce tombeau, où repose en silence
Ce qui reste ici-bas de son corps glorieux,
Nous venons vénérer celui dont la puissance
Toujours de ses enfants sut exaucer les vœux.

REFRAIN : Chantons les vertus et la gloire
        De saint Aignan, le bon pasteur ;
        Que de ses bienfaits la mémoire
        Vive à jamais dans notre cœur (*bis*).

Eussiez-vous pressenti, terres de Pannonie,
Qu'en quittant votre ciel pour un climat meilleur,
Une noble famille, à la Gaule asservie
Apporterait un jour un ange protecteur?
        Chantons les vertus et la gloire, etc.

Vienne le voit grandir. Mais dans la solitude
Il cache vainement les dons qu'il a reçus ;
En vain de plaire à Dieu il fait sa seule étude,
Le ciel répand au loin l'odeur de ses vertus.
        Chantons les vertus et la gloire, etc.

Orléans le reçoit, il vient de sa jeunesse
Près d'Euverte abriter les efforts, les labeurs.
Le peuple tout entier tressaille d'allégresse,
Quand son front fut sacré de l'huile des pasteurs.
        Chantons les vertus et la gloire, etc.

Attila peut venir : En vain sur son passage
Il promène partout et le fer et le feu ;
Tout tremble devant lui. Mais d'un saint le courage
Va bientôt triompher de ce fléau de Dieu.
        Chantons les vertus et la gloire, etc.

Comme un autre Moïse, armé de la prière
Il combat nuit et jour pour ses enfants chéris.

Debout sur le rempart, en son Dieu il espère ;
Bientôt il montre au loin le secours tant promis.
     Chantons les vertus et la gloire, etc.

Orléans est sauvé ! Par des chants de victoire
Il célèbre le Dieu qui confond les tyrans ;
Il chante son Pasteur, dont la sainte mémoire
Passera d'âge en âge à ses derniers enfants.
     Chantons les vertus et la gloire, etc.

Pleins de ces souvenirs que nous lèguent nos pères,
Allons à ce tombeau qu'ils ont tous vénéré.
Faisons monter au ciel nos ardentes prières ;
Chantons ce nom béni qu'ils ont tant célébré.
     Chantons les vertus et la gloire, etc.

Nous aussi dans ce monde où nous attend la guerre,
Nous devons redouter des ennemis puissants
Après Dieu, dans le ciel, n'avons-nous pas un père,
Qui de l'enfer jaloux nous rendra triomphants ?
     Chantons les vertus et la gloire, etc.

Dans les splendeurs des cieux, ou pour vous tout est gloire
Auprès de Dieu, grand Saint, ne nous oubliez pas.
Contre nos ennemis, donnez-nous la victoire ;
Dans les sentiers du bien, guidez toujours nos pas.
     Chantons les vertus et la gloire, etc.

Litanies de saint Aignan.

Kyrie, eleison.
Christe, eleison.

Kyrie, eleison.
Christe, audi nos.
Christe, exaudi nos.
Pater de cœlis Deus, miserere nobis.
Fili Redemptor mundi Deus, miserere nobis.

Spiritus Sancte Deus, miserere nobis.
Sancta Trinitas unus Deus, miserere nobis.

Sancta Maria, ora pro nobis.
Sancte Aniane, ora pro nobis.
Solitudinis amator et silentii,
Orationis exemplar fervidæ,
Voluntaria pœnitentiæ victima,
Evurtii fidelis discipule,
Monasterii Laurentiani abbas venerande,

Seigneur, ayez pitié de nous,
Jésus-Christ, ayez pitié de nous.
Seigneur, ayez pitié de nous.
Jésus-Christ, écoutez-nous,
Jésus-Christ, exaucez-nous,
Père céleste qui êtes Dieu, ayez pitié de nous.
Fils Rédempteur du monde qui êtes Dieu, ayez pitié de nous.
Esprit-Saint qui êtes Dieu, ayez pitié de nous.
Trinité sainte qui êtes un seul Dieu, ayez pitié de nous.
Sainte Marie, priez pour nous.
Saint Aignan, priez pour nous.
Saint Aignan, ami de la solitude et du silence.
Saint Aignan, parfait modèle de la prière,
Saint Aignan, martyr volontaire de la pénitence,
Saint Aignan, disciple docile de saint Euverte,
Saint Aignan, chef vénéré du monastère de Saint-Laurent,

Ora pro nobis.

Priez pour nous.

Saint Aignan, digne successeur de saint Euverte,		Evurtii egregie successor,
Saint Aignan, vivante image de saint Euverte		Evurtii vivens imago,
Saint Aignan, lumière ardente et brillante des Gaules,		Galliarum lucerna ardens et lucens,
Saint Aignan, pontife consommé en sainteté,		Pontifex consummatissime,
Saint Aignan, parfait modèle de la vie apostolique,	Priez pour nous	Vitæ apostolicæ speculum,
Saint Aignan, pontife puissant en œuvres et en paroles,		Pontifex opere et verbo potentissime,
Saint Aignan, pasteur toujours dévoué au salut des âmes,		Animabus Pastor impensissime,
Saint Aignan, force et soutien de la vertu,		Pietatis tutamen et robur,
Saint Aignan, infatigable ennemi du vice,		Vitiorum debellator strenuissime,
Saint Aignan, qui avez été dévoré du zèle de la maison de Dieu,		Dei domús zelator assidue,
Saint Aignan, asile toujours ouvert aux étrangers,		Asyle semper patens hospitibus,
Saint Aignan, protecteur de la veuve et de l'orphelin,		Viduæ et pupilli protector,
Saint Aignan, consolateur des affligés,		Lacrymantium consolator,
Saint Aignan qui avez brisé les fers des captifs,		Captivorum liberator

Ora pro nobis.

Mortuorum suscita- tor,	Saint Aignan qui avez res- suscité les morts,
Spes rebus in arctis firmissima,	Saint Aignan espoir, de votre peuple aux jours de la detresse,
Auxilii Domini præ- nuntiator,	Saint Aignan qui avez an- noncé le secours de Dieu,
Ferocem Attilam fu- gans,	Saint Aignan qui avez mis en fuite Attila, le fleau de Dieu,
Civitatis Aurelianen- sis vetus liberator,	Saint Aignan antique libé- rateur de la ville d'Or- léans,
Ossibus post mortem prophetans,	Saint Aignan dont les os- sements sacrés procla- ment tous les jours la puissance de Dieu,
Certum in necessita- tibus refugium,	Saint Aignan qui êtes notre refuge dans tous nos besoins,
Protector urbis cons- tantissime,	Saint Aignan, fidèle pro- tecteur de notre ville,
Messium periclitan- tium salus,	Saint Aignan qui avez rendu la fertilité à nos campagnes,
Cleri decus et auxi- lium,	Saint Aignan ornement et ferme appui du clergé,
Fratrum amator et populi,	Saint Aignan ami dévoué de vos frères et de votre peuple,
Aureliæ angele et tu- tela,	Saint Aignan, ange tuté- laire de la ville d'Or- léans,
Agnus Dei, qui tollis peccata mundi parce nobis, Domine.	Agneau de Dieu, qui effacez les péchés du monde, par- donnez-nous, Seigneur.

Ora pro nobis. — *Priez pour nous.*

Agneau de Dieu, qui effacez les péchés du monde, exaucez-nous, Seigneur.

Agnus Dei, qui tollis peccata mundi, exaudi nos, Domine.

Agneau de Dieu, qui effacez les péchés du monde, ayez pitié de nous, Seigneur.

Agnus Dei, qui tollis peccata mundi, miserere nobis.

Jésus-Christ, écoutez-nous.

Christe, audi nos.

Jésus-Christ, exaucez-nous.

Christe, exaudi nos.

Priez pour nous, bienheureux saint Aignan,

Ora pro nobis, beatissime Aniane,

Afin que nous devenions dignes des promesses de Jésus-Christ.

Ut digni efficiamur promissionibus Christi.

PRIONS.

Écoutez favorablement, Seigneur, Dieu tout-puissant, les supplications que nous vous offrons en ce jour, où nous célébrons la mémoire de saint Aignan, et de même que, à la prière de ce saint Pontife, vous avez secouru la ville d'Orléans dans sa détresse, faites encore éclater aujourd'hui la puissance de votre bras, et daignez-nous délivrer, par son intercession, de tous nos ennemis visibles et invisibles. Nous vous en prions, par Notre Seigneur Jésus-Christ. Ainsi soit-il.

OREMUS.

Adesto, quæsumus, omnipotens Deus, familiæ tuæ precibus, quas in beati Aniani commemoratione tuæ offerimus majestati : et præsta ut sicut ad supplicationes sancti hujus Pontificis, civitati Aurelianensi in afflictione positæ succurristi : ita et nos, ipso apud te intercedente, ab hostium nostrorum visibilium et invisibilium insidiis potenter eripias : per Christum Dominum nostrum. Amen.

Prière à saint Aignan.

O saint Aignan, qui nous avez été donné pour protecteur et pour modèle, nous vous remercions des grâces que vous nous avez obtenues, et nous vous bénissons de la vigilance avec laquelle vous éloignez de nous les dangers qui menacent nos âmes. Nous vous conjurons de nous continuer votre protection puissante. Voyez nos besoins, et secourez-nous.

Du sein de la gloire où vous régnez, écoutez favorablement nos prières; souvenez vous que vous nous avez été donné pour intercesseur auprès de Dieu. Ah! vous ne l'oubliez pas, et nos intérêts vous sont chers. Sûr de votre propre bonheur, vous êtes en sollicitude pour le nôtre. Vous nous regardez comme des concitoyens qui gémissent encore dans l'exil. Hâtez par vos prières le moment où nous serons réunis.

Que vos exemples nous animent à vivre, à combattre, à travailler, à souffrir comme vous, pour mériter de participer à votre bonheur et à votre gloire dans les cieux. Oui, que par votre secours nous puissions vaincre tous les ennemis qui s'opposent à notre salut, demeurer inébranlablement attachés à notre Dieu, imiter vos vertus et arriver au repos et à la gloire de la bienheureuse éternité. Ainsi soit-il.

PRIÈRE

Pour une neuvaine à saint Aignan.

O grand saint Aignan! notre bienfaiteur et notre refuge dans toutes les tristesses et les amertumes de la vie, en ces jours de pénible épreuve, nous vous implorons pour nos frères et pour nous. Nos pères ne vous ont jamais invoqué en vain; recevez nos prières et offrez-les à Dieu; présentées par vous, elles seront exaucées, et la bénédiction du

Seigneur descendra sur nous et assurera notre bonheur pour le temps et pour l'éternité. Ainsi soit-il.

Prière de l'enfant chrétien à l'Enfant Jésus.

Bon Jésus ami des petits enfants sages et obéissants et qui leur promettez le Paradis, je vous donne mon cœur : rendez le semblable au vôtre : humble, pieux, pur, charitable, sincère, doux, sage et obéissant. Faites la même grâce à tous les petits enfants de cette paroisse, afin que nous ayons le bonheur de nous trouver tous un jour près de Vous dans le Ciel. — Ainsi soit-il.

Prière à la sainte Vierge.

(MEMORARE.)

Souvenez-vous, ô très pieuse Vierge Marie ! qu'on n'a jamais entendu dire qu'aucun de ceux qui ont eu recours à votre protection, imploré votre secours et sollicité vos prières, ait été abandonné. Animé d'une même confiance, je cours vers vous, Vierge des vierges, notre Mère, et, gémissant sous le poids de mes péchés, je me prosterne à vos pieds. O Mère du Verbe Incarné ! ne rejetez pas ma prière, mais écoutez-la favorablement et daignez l'exaucer.

Ainsi soit-il.

Prière à saint Joseph.

Souvenez-vous, ô mon aimable et puissant Protecteur, que sainte Thérèse assure n'avoir jamais eu recours à votre intercession sans avoir été exaucée. Animé d'une pareille confiance, ô digne Epoux de la Vierge des vierges, je viens à vous, et, gémissant sous le poids de mes péchés, je me jette à vos pieds. Ne rejetez pas ma prière, ô bienheureux Père nourricier du Verbe Incarné, mais écoutez-la favorablement et daignez l'exaucer.

Ainsi soit-il.

Prière à l'Ange gardien.

Ange de Dieu, mon fidèle gardien, vous à qui la divine bonté m'a confié, daignez durant cette journée m'éclairer, me garder, me diriger, me gouverner.

RÈGLES

D'UNE VIE CHRÉTIENNE

Par l'Abbé Chesnard.

CE QU'IL FAUT CRAINDRE DANS LA VIE.

1° C'est de ne pas se tenir assez près de Dieu par la pensée et le recueillement ;
2° C'est de manquer de constance dans l'exercice de la prière ;
3° C'est de ne pas se préparer assez à la communion et à la confession ;
4° C'est de ne pas s'étudier assez pour bien se connaître ;
5° C'est d'agir sans se rendre compte des motifs et de la portée de ses actions ;
6° C'est d'être trop personnel, trop exigeant, trop entier dans ses volontés ;

7° C'est d'être trop sensible dans la contradiction ;

8° C'est de ne pas oublier assez vite le tort des autres :

9° C'est de songer aux moyens d'en avoir satisfaction :

10° C'est de prendre plaisir à l'humiliation et à la peine de ceux qu'on n'aime pas ;

11° C'est d'avoir l'esprit trop accessible aux soupçons et aux jugements téméraires ;

12° C'est de ne pas assez croire à la vertu des autres ;

13° C'est de s'aveugler sur la légitimité des moyens propres à atteindre son but ;

14° C'est de ne pas porter la sincérité dans les petites choses jusqu'à la dernière limite ;

15° C'est de ne pas aimer assez la paix, la paix avec soi-même, la paix avec les autres, et de craindre de la payer trop cher en l'achetant au prix de son amour-propre ou de quelques misérables intérêts.

LE DEVOIR ET EN MÊME TEMPS LE BONHEUR.

1° C'est de s'oublier soi-même ;

2° C'est de faire tout pour Dieu et ses semblables :

3° C'est de travailler à tuer l'égoïsme ;

4° C'est d'éviter d'agir avec emportement et violence ;

5° C'est d'être indulgent pour les autres et garder sa sévérité pour soi-même ;

6° C'est d'excuser toujours, et ne jamais condamner ;

7° C'est de ne pas supposer le mal, mais de croire plutôt le bien dans les autres ;

8° C'est de se persuader qu'il n'y a pas de vraie religion, de solide piété, d'utiles communions sans bonté, sans douceur, sans indulgence ;

9° C'est de ne jamais quitter l'église ou la prière sans avoir pris la résolution de devenir meilleur ;

10° C'est enfin de regarder comme perdu le jour où l'on n'aura pas pratiqué quelques vertus, fait quelques bonnes œuvres, corrigé quelques défauts.

EN FAISANT CELA

La religion sera sincère, le cœur sera joyeux, la conscience sera satisfaite, les nuits seront bonnes, les jours seront pleins, l'espérance sera certaine, et la mort sera douce comme le sommeil d'un enfant, et l'éternité sera heureuse comme celle de Dieu même.

TABLE.

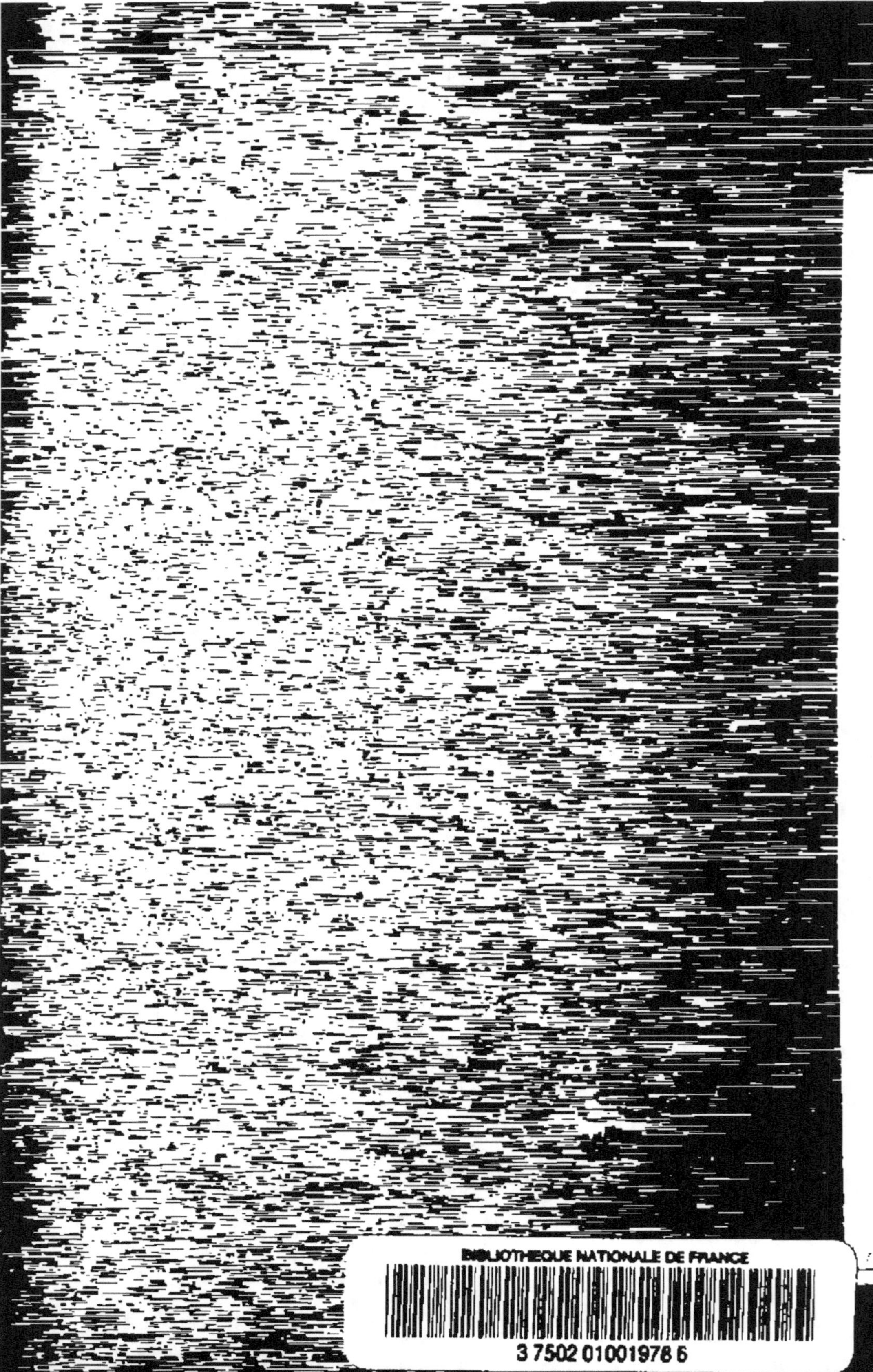